BEI GRIN MACHT SICH IHR
WISSEN BEZAHLT

Bibliografische Information der Deutschen Nationalbibliothek:

Die Deutsche Bibliothek verzeichnet diese Publikation in der Deutschen National-
bibliografie; detaillierte bibliografische Daten sind im Internet über http://dnb.d-
nb.de/ abrufbar.

Impressum:

Copyright © 2017 GRIN Verlag
Druck und Bindung: Books on Demand GmbH, Norderstedt Germany
ISBN: 9783346254443

Dieses Buch bei GRIN:

https://www.grin.com/document/934514

Nele Lisann Schubert

Trainingsplanung im Krafttraining. Exemplarischer Testablauf und Trainingsplan

GRIN Verlag

GRIN - Your knowledge has value

Der GRIN Verlag publiziert seit 1998 wissenschaftliche Arbeiten von Studenten, Hochschullehrern und anderen Akademikern als eBook und gedrucktes Buch. Die Verlagswebsite www.grin.com ist die ideale Plattform zur Veröffentlichung von Hausarbeiten, Abschlussarbeiten, wissenschaftlichen Aufsätzen, Dissertationen und Fachbüchern.

Besuchen Sie uns im Internet:

http://www.grin.com/

http://www.facebook.com/grincom

http://www.twitter.com/grin_com

Deutsche Hochschule für
Prävention und Gesundheitsmanagement
Hermann Neuberger Sportschule 3
66123 Saarbrücken

Einsendeaufgabe

Fachmodul:	Trainingslehre 1

Studiengang:	Bachelor of Arts Gesundheitsmanagemnt

Name, Vorname:	Schubert, Nele Lisann

Studienort:	**Hamburg**

Semester:	**Winter 2016**

Inhaltsverzeichnis

1 Diagnose

Die Diagnose ist die erste Stufe des Fünf-Stufen Modells der Trainingssteuerung und ermittelt mit Hilfe eines Eingangstests die aktuelle Leistungsfähigkeit und den Gesundheitszustand des Trainierenden.

1.1 Allgemeine und biometrische Daten

Tab. 1: Allgemeine und biometrische Daten der Sportlerin (eigene Darstellung, 2016)

Allgemeine Daten	
Alter der Person in Jahren	20
Geschlecht	Weiblich
Körpergröße in Zentimeter	165cm
Körpergewicht in Kilogramm	61kg
Trainingsmotiv	Muskelaufbau, Kraftsteigerung
Berufliche Tätigkeit	Verkäuferin im Einzelhandel (meist stehende und gehende Tätigkeit)
Aktuelle sportliche Aktivität	Ausdauertraining 2-3x in der Woche (Laufen) Krafttraining seit ca. 13 Monaten(jedoch ohne systematische Trainingsplanung), 2x in der Woche
Frühere sportliche Aktivität	Fußball 3x in der Woche Reiten 1x in der Woche
Aktuelle Leistungsstufe der Sportlerin	Fortgeschrittene im Bereich Fußball Fortgeschrittene im Bereich Laufen Fortgeschrittene im Bereich Krafttraining
Zeitlicher Verfügungsrahmen	3x die Woche 1-2 Stunden
Biometrische Parameter	
Blutdruck in mmHg sys/dia	122/81 mmHg
Bewertung	Normal
Körperfettanteil	23,3%
Allgemeiner Gesundheitszustand	
Orthopädische Probleme	Keine
Internistische Probleme	Keine
Ärztliche Behaldlung	Keine
Einnahme von Medikamenten	Keine
Sonstige gesundheitliche Einschränkungen	Keine

Belastbarkeit der Trainingsperson	Keine Einschränkungen, die Sportlerin ist somit voll belastbar

Der Blutdruck wurde anhand der Normwerte der American Heart Association bewertet.

Tab. 2 Blutdruckklassifikation der American Heart Association (eigene Darstellung, 2017)

Stufen	Systolischer Blutdruck	Diastolischer Blutdruck
optimal	< 120 mmHg	< 80 mmHg
normal	< 130 mmHg	< 85 mmHg
hochnormal	130-139 mmHg	85-89 mmHg
Hypertonie Stufe 1	140-159 mmHg	90-99 mmHg
Hypertonie Stufe 2	160-179 mmHg	100-109 mmHg
Hypertonie Stufe 3	>180 mmHg	< 110 mmHg

Aufgrund dieser Tabelle lässt sich der Blutdruck der Sportlerin als normal einstufen.

1.2 Krafttestung

Die Krafttestung dient als Instrument der Trainingskontrolle und der Trainingssteuerung und soll die Eingangsvoraussetzungen des Sportlers und den aktuellen Leistungszustand mit Hilfe von drei Kernaufgaben ermitteln. Diese sind regelmäßig durchgeführter Re-Tests (intraindividueller Leistungsvergleich), der Vergleich mit Norm- und Referenzwerten (interindividueller Leistungsvergleich) und die Ableitung von Trainingsintensitäten für die folgende Trainingsplanung (Ableitung von Trainingsintensitäten) (Martin et al., 1993, S. 118).

1.2.1 Mehrwiederholungskrafttest (X-RM-Test)

Die Krafttestung durch den Mehrwiederholungskrafttest ermöglicht eine individuelle Leistungsermittlung auch ohne viel Erfahrung im Einschätzen der eigenen Belastbarkeit und ist weniger riskant als die Maximalkrafttestung (1-RM-Test). Die Sportlerin ist durch ihren einwandfreien Gesundheitszustand zu dem in der Lage dieser Belastung ausgesetzt zu werden. Durch den X-RM-Test soll das maximal konzentrisch mögliche Gewicht für die vorher, durch das gemeinsam formulierte Ziel, ermittelte Wiederholungsanzahl festgelegt werden. Die letzte Wiederholung muss konzentrisch und korrekt ausgeführt werden können (Strack & Eifler, 2005).

1.2.2 Detaillierter Testablauf

Der Mehrkraftwiederholungstest wurde nach dem standarisierten Verfahren von Zimmer (1999) und Eifler (2000) durchgeführt. Der Ablauf des Tests lässt sich in vier grobe Schritte unterteilen (Zimmer, 1999). Des weiteren wird davon ausgegangen, dass die Sportlerin durch ihre Erfahrungen im Kraftsport notwendige koordinative Fähigkeiten bereits erworben hat. In Schritt 1 wird das spezielle und allgemeine Aufwärmen thematisiert. Die Sportlerin sollte ein allgemeines „Warm-up" durchführen, damit sich die Körpertemperatur erhöht (Verbesserte Kontraktionsfähigkeit der Muskulatur und vermehrte Produktion von Gelenkflüssigkeit) und das Herz-Kreislauf-System angeregt wird. Diese Maßnahmen sind Teil der Verletzungsprophylaxe. Hinzu kommt, dass während der Aufwärmphase die psychische Einstimmung stattfindet, in der die Sportlerin Motivation entwickelt und der Fokus auf das bevorstehende Training gerichtet werden kann.

Primär sollten die Muskelgruppen aufgewärmt werden, die auch im anschließenden Training belastet werden. Orientiert an dem Leistungszustand unserer Sportlerin findet das allgemeine Aufwärmtraining auf dem Crosstrainer für 12 Minuten mit einer Herzfrequenz von 140 Schlägen pro Minute statt (Boeck-Behrens & Buskies, 2014, S.73-75).

Anschließend erfolgt das spezielle Aufwärmen, welches explizit auf die in den folgenden Übungen strapazierten Muskel- und Gelenkstruktur eingehen sollte. Unsere Sportlerin führt aufgrund ihres Leistungszustandes und dem Ziel eine vorzeitige Laktatbildung zu vermeiden, einen Trainingssatz mit 12 Wiederholungen und 50% des später verwendeten Arbeitsgewichts im ersten Satz durch. Dieses wiederholt sie vor jeder neuen Übung um den Muskel individuell auf die Belastung vorzubereiten (Boeck-Behrens & Buskies, 2009, S. 63).

Nach dem Aufwärmen kann mit den drei Testsätzen begonnen werden. Der Trainier legt das Gewicht individuell nach Trainingserfahrung und Leistungszustand fest.

Gestartet wird mit der ersten Übung Beinpresse 8x 50kg. Die Wiederholungszahl von 8 wird gewählt, da im ersten Mesozyklus ein extensives Muskelaufbautraining durchgeführt wird. Sollte das Gewicht zu leicht sein, steigert der Trainer es jeweils um 5%, 10%

oder 25% anhand des subjektiven Belastungsempfindens und lässt den Trainierenden eine Pause von ca. 3 Minuten machen (Zimmer, 1999, S. 45-47).

Abschließend sollte ein Cool Down erfolgen, welches dem Körper die Umstellung in den Ruhezustand erleichtern soll (Boeck-Behrens & Buskies, 2009, S.63).

Im letzten Schritt des Testverlaufs erfolgt die genaue Berechnung der Trainingsgewichte, welche nach der ILB-Methode durch Prozentwerte ermittelt werden. Nach der ILB-Methode sollte unsere Testperson, die als Fortgeschrittene im ILB-Grobraster eingeordnet wurde, mit einer Intensität von 70-90% trainieren (Eifler, 2013, S. 74).

1.2.3 Darstellung der Ergebnisse der Krafttestung

Tab. 3: Ergebnisse der Krafttestung nach der individuellen Leistungsbildmethode (eigene Darstellung, 2017)

Testübungen	Wdh:	1. Testsatz	2. Testsatz	3. Testsatz	Ergebnisse
Beinpresse horizontal	12	85kg	95kg	100kg	**100kg**
Beinbeugen kombiniert mit Beinrückheben am Maschinen im Liegen	12	35kg	40kg	42,5g	**42,5kg**
Crunch am Seilzug im Sitzen von hinten	12	12,5kg	15kg	17,5kg	**17,5kg**
Butterfly Reverse im Sitz zu Maschine Oberarme innenrotiert und 90° abgespreizt	12	7,5kg	10kg	12,5kg	**12,5kg**
Rundern einarmig vorgebeugt mit Kammgriff mit Kurzhantel	12	5kg	7,5kg	-	**7,5kg**
Bankdrücken im sitzen an der Brustpresse	12	10kg	12,5kg	17,5kg	**17,5kg**
Beidarmiger Scott-Curl mit SZ-Hantel	12	5kg	7,5kg	-	**7,5kg**
Trizepsdrücken im Stand am Kabelzug mit Seil	12	10kg	12,5kg	15kg	**15kg**

1.2.4 Schlussfolgerung für die Trainingssteuerung

Der Mehrkraftwiederholungstest gilt als Instrument der Trainingssteuerung und Trainingskontrolle und verfolgt drei Kernziele, die bereits in Aufgabe 1.2 genannt wurden. Der Vergleich mit Norm- und Richtwerten kann gar nicht konkret durchgeführt werden, da nur allgemeine Richtwerte vorhanden sind in denen keine Rücksicht auf Geschlecht, Altersgruppe, sportliche Zielgruppe oder Übung genommen wird. Außerdem kann die individuelle Leistungsfähigkeit immer durch variierende Störgrößen ebenfalls beeinflusst werden.

Ein individueller Leistungsvergleich mit dem X-RM Test ist durch regelmäßige Re-Tests dennoch gut möglich, wenn Rahmenbedingungen und der Einfluss durch äußere Störgrößen exakt gleich gehalten werden.

Eine Ableitung der individuellen Trainingsintensitäten ist durch die „Individuelle-Leistungsbild-Methode" (ILB), die speziell für die Fitness- & Gesundheitsbranche entwickelt wurde, möglich (Barteck &Elsner, 1998; Eifler, 2000; Strack, 1999; Strack & Eifler, 2005).

2 Zielsetzung/Prognose

Die Zielsetzung erfolgt anhand der im Erstgespräch gesammelten allgemeinen und biometrischen Daten durch den Trainer. Die Wünsche des Sportlers sollten ebenfalls im Fokus stehen. Die jeweiligen Ziele sollten konkret nach Inhalt, Ausmaß und Zeit formuliert sein und je nach Länge des Zeitraums in Haupt- und Grobziele oder Teil- und Feinziele unterteilt werden können.

Tab. 4: Sportmotorische und biometrische Zielsetzung (eigene Darstellung, 2017)

	Inhalt	Ausmaß	Zeit
1. Biometrisches Ziel	Muskelaufbau (IST Wert 43,4kg)	Aufbau von 1kg Muskelmasse (Zielwert: 44,4kg)	In 6 Monaten
2. Biometrisches Ziel	Fettreduktion Messung durch Tanita Waage	Reduktion um 5% auf 18,3% (Zielwert: 13,4kg)	In 6 Monaten

	(IST Wert 23,3% = 14,1kg)		
3. Sportmotorisches Ziel	Kraftsteigerung im Mehrwiederholungskrafttest an der Beinpresse	Steigerung um 30%	In 6 Monaten

Das Ziel Muskelmasse aufzubauen, ist für die Testperson realistisch definiert worden. Die Sportlerin befindet sich mit 13 Monaten in ihrem 2. Trainingsjahr, in welchem bei normaler Genetik ein Muskelmassezuwachs von 3-6kg möglich ist (Eifler, 2014, S. 41). Der Wunsch der Sportlerin, ihren Körperfettanteil von 23,3% auf 18,3% zu senken ist realistisch, wenn man von 250-500g pro Woche ausgeht und die Ernährung entsprechend angepasst wird (Eifler, 2015). Das sportmotorische Ziel, eine Kraftsteigerung von 30% an der Beinpresse zu erreichen, dürfte für die Sportlerin durchaus erreichbar sein, da man bei einer als Fortgeschrittener eingeordneten Trainingsperson von einer Kraftsteigerung um 14% in 6 Wochen ausgehen kann (Eifler, 2014, S. 42).

Nachdem nun alle Ziele individuell und realistisch zwischen Trainer und Sportler abgesprochen und notiert wurden, können diese für die anschließende Trainingsplanung genutzt werden.

3 Trainingsplanung Makrozyklus

Der Makrozyklus ist die Phase der langfristigen Trainingsplanung und kann zwischen 3-12 Monate andauern. Unterteilt wird der Makrozyklus in mehrere 4-12 Wochen andauernde Mesozyklen (mittelfriste Trainingsplanung) die Teil- und Zwischenziele beinhalten können (Mießner, 2013, S. 92). In dem dargestellten Markozyklus wird die ILB-Methode verwendet und der Fokus auf die Ziele Muskelaufbau und Fettreduktion gelegt. Der Zyklus soll einen Zeitraum von 6 Monaten abdecken. Die Sportlerin gilt anhand ihres Trainingsalters (13 Monate) als Fortgeschrittene.

Tab. 5: Trainingsplanung Makrozyklus(eigene Darstellung, 2017)

	Mesozyklus 1	Mesozyklus 2	Mesozyklus 3	Mesozyklus 4
Dauer	6 Wochen	6 Wochen	6 Wochen	6 Wochen
Trainingsmethodik	Muskelaufbau (extensiv)	Muskelaufbau (intensiv)	Kraftausdauer (Übergangsphase)	Kraftausdauer
Organisationsform	GK (Station)	GK (Station)	GK (Station)	GK (Zirkel)

8

Häufigkeit/Woche	3x	3x	3x	3x
Übungen/Muskel	1-2	1-2	1-2	1-2
Sätze/Übung	3	3	3	3
Satzpausen	60-90 Sekunden	60-90 Sekunden	60-90 Sekunden	60-90 Sekunden
Intensität	70-90% ILB	70-90% ILB	70-90% ILB	70-90% ILB
Wiederholungen	12	6-8	12-15	15-20
Bewegungstempo	3/0/1	3/0/1	2/0/2	2/0/2

3.1 Begründung der Trainingsmethode

Die gewählte Methode ist die ILB-Methode (individuelle Leistungsbildmethode). Die
ILB-Methode ist in jeder Leistungsstufe anwendbar und passt sich genau der Trainings-
phase an, in der sich der Sportler gerade befindet, somit auch in der Stufe des Fortge-
schrittenen. Besonders wird er für die großen Muskelgruppen empfohlen, welche wir
oben in unserem Makrozyklus abarbeiten. Außer dem ist die Gefahr, das der Sportler
durch eine riskante Maximalkrafttestung körperliche Schäden davon trägt, geringer. Vor
jedem neuen Mesozyklus kann ein Re-Test durchgeführt werden, um notwendige Adap-
tationen am Trainingsplan vorzunehmen (Mießner, 2013).

3.2 Begründung der Belastungsparameter

Wolfgang Mießner (2013) empfiehlt für den Muskelaufbau ein Ganzkörpertraining,
welches 3-4x die Woche durchgeführt werden sollte. Für die Sportlerin wurde eine
Trainingshäufigkeit von 3x pro Woche festgelegt, da es für sie nicht möglich ist, mehr
Zeit für ihr Training einzuplanen. Der Trainingsplan sollte aus freien Grundübungen
und Übungen an geführten Maschinen zusammengestellt werden, die in jedem Mesozyklus variieren, damit keine demotivierende Trainingsroutine entsteht (Mießner, 2013,
S. 34). Für jede Muskelgruppe werden unter Betrachtung des vorhandenen Zeitfensters
1-2 Übungen durchgeführt. Die Intensität des Trainings sollte sich laut Mießner auf 70-
90% des ermittelten Endergebnisses der Krafttestung belaufen. Die Anzahl der Sätze
pro Übung erschließt sich anhand des Grobrasters der ILB-Methode und wurde an die
Leistungsstufe der Sportlerin angepasst (Eifler, 2013).

3.3 Begründung der Organisationsform

Als Organisationsform wurde das Ganzkörpertraining ausgewählt, da durch diese Form-trotz Zeitmangel alle großen Muskelgruppen effektiv abgearbeitet werden können und schnellere Muskelermüdung durch die zügig hintereinander ausgeführten Sätze den Hypertrophieeffekt verstärken (Heiduk & Preuß, 2011, S. 38-40). Hierbei entsteht eine erhöhte Proteinsynthese, die auch noch 36-48 Stunden nach dem Training erhalten bleibt. In dieser Phase können Strukturproteine im Muskel am günstigsten aufgebaut werden. Als optimal gilt eine Trainingsbelastung von 2-3x die Woche, damit sich der Muskel in der dazwischen liegenden Zeit von den Trainingswirksamenreizen erholen kann (Mac Dougall et al., 1995).

3.4 Begründung der Periodisierung

Laut Mießner ist kein leistungsorientierter Athlet in der Lage sein Leistungsniveau immer auf dem höchsten Level zu halten. Deshalb sollte es innerhalb des Makrozyklus einen regelmäßigen Wechsel von Trainingsform und Belastungsintensität geben (Mießner, 2013, S. 93). Gleichzeitig sollten Zustände, wie die der Überbelastung und des Übertrainings, durch Berücksichtigung der verschiedenen Belastungs-Erholungs-Anpassungszeiträume vermieden werden (Hottenrott, Hoos, 2013, S. 455). Der in Tab. 5 dargestellte Makrozyklus ist nach dem Modell der Blockperiodisierung, auch lineare Periodisierung genannt; aufgebaut (Fröhlich, Müller, Schmidtbleicher &Emrich, 2009). In den ersten beiden Zyklen wird der Schwerpunkt auf den Muskelaufbau durch intensitätsorientiertes Krafttraining gelegt, da dieses als 1. biometrisches Ziel formuliert wurde. Je mehr Muskelmasse der Mensch besitzt, desto höher ist der Kalorienverbrauch bei Aktivitäten, welches ebenso das 2. biometrische Ziel der Fettreduktion begünstigen würde (Mießner, 2013 S.40). Als Fortgeschrittene im Krafttrainingsbereich, kann die Sportlerin direkt mit dem Muskelaufbau starten. Im 3. Zyklus findet ein Übergangstraining statt, um vom Muskelaufbautraining den Übergang in das Kraftausdauertraining zu ermöglichen. Während des Kraftausdauertrainings im 4. Mesozyklus sollte der erhöhte Energieverbrauch durch die vorher im Muskelaufbautraining aufgebauten Muskeln genutzt werden. Verwendet wird hier die Intervallmethode in Form eines Zirkels, der nacheinander alle wichtigen Muskelgruppen des Körpers abarbeitet (Mießner, 2013, S.44).

4   Trainingsplanung Mesozyklus

Der Mesozyklus ist dem Makrozyklus untergeordnet und dient zur mittelfristigen Trainingsplanung. Er besteht ebenfalls aus weiteren kleineren Zyklen, den Mikrozyklen. Die Dauer eines Mesozyklus kann sich auf 4-12 Wochen belaufen (Mießner, 2013, S. 92). In der folgenden Darstellung wird mit einem Mesozyklus über 6 Wochen gearbeitet. Der folgende Trainingsplan ist für einen Mikrozyklus gedacht. Übungen und Reihenfolge sollten von Mikrozyklus zu Mikrozyklus variieren um eine Monotonie im Training vorzubeugen (Mießner, 2013, S. 34)

Tab. 6: Trainingsplanung des 1. Mesozyklus anhand der ILB-Methode (eigene Darstellung, 2017)

Zyklusdauer	6 Wochen
Spezifisches Trainingsziel	Muskelaufbau (extensiv)
Trainingeinheiten pro Woche	3
Organisationsform	GK (Station)
Übungen pro Muskelgruppe	1-2
Sätze pro Übung	3
Satzpausen	60-90 Sekunden
Wiederholungszahl	12
Intensität	70-90% ILB
Bewegungstempo	3/0/1

(Die Gewichte müssen an den Geräten/Freihanteln auf realistische Werte auf- oder abgerundet werden)

Übungen	Refe-renzwert 100%	Woche 1 70%	Woche 2 70%	Woche 3 80%	Woche 4 80%	Woche 5 90%	Woche 6 90%
Beinpresse horizontal	100kg	70kg	70kg	80kg	80kg	90kg	90kg
Beinbeugen kombiniert mit Beinrückheben beidbeing an Maschinen im Liegen	42,5kg	29,75kg	29,75kg	34kg	34kg	38,25kg	38,25kg
Crunch im sitzen am Seilzug von hinten	17,5kg	12,25kg	12,5kg	14kg	14kg	15,75kg	15,75kg
Butterflyreserve							

im Sitz zu Maschine, Oberarme innenrotiert und 90° abgespreizt	12,5kg	8,75kg	8,75kg	10kg	10kg	11,25kg	11,25kg
Rundern einarmig vorgebeugt mit Kammgriff mit Kurzhantel	7,5kg	5kg	5kg	6kg	6kg	6,75kg	6,75kg
Bankdrücken im sitzen an der Brustpresse	17,5kg	12,25kg	12,25kg	14kg	14kg	15,75kg	15,75kg
Beidarmiger Scott-Curl mit SZ-Hantel	7,5kg	5,25kg	5,25kg	6kg	6kg	6,75kg	6,75kg
Trizepsdrücken im Stand am Kabelzug mit Seil	15kg	10,5kg	10,5kg	12kg	12,kg	13,5kg	13,5kg

4.1 Begründung der Übungsauswahl

Tab. 7: Darstellung der Begründung der Übungsauswahl (eigene Darstellung, 2017)

Übung	Begründung
Beinpresse (horizontal)	„Das horizontale Beinpressen aktiviert den vierköpfigen Oberschenkelmuskel sehr stark und ist die intensivste und effektivste Übung für diesen Muskel" (Buskies & Boeckh-Behrens, 2009, S.144).
Beinbeugen kombiniert mit Beinrückheben beidbeinig an Maschinen im Liegen	„Das Beinbeugen kombiniert mit dem Beinrückheben ist die Topübung für die Muskulatur der Oberschenkelrückseite. Sie berücksichtigt beide anatomischen Funktionen dieser Muskelgruppe, das Beinbeugen und das Strecken des Hüftgelenks. Die Übung ist unverzichtbar für ein optimales Training der Muskulatur der Körperrückseite, weil sie

	gleichzeitig die Top-Übung für den Großen Gesäßmuskel und den unteren Rückenstrecker ist" (Buskies & Boeckh-Behrens, 2009, S. 149).
Crunch im Sitz am Seilzug von hinten	Laut Buskies & Boeckh-Behrens gehören Crunches zu den hochintensivsten Bauchmuskelübungen. Zusätzlich wird hierbei auch noch die Hüftbeugemuskulatur stark mit eingebunden. Die Variante am Seilzug wird als die intensivste an Maschinen bezeichnet (Buskies & Boeckh-Behrens, 2009, S. 91 und 96).
Butterfly Reverse im Sitz zu Maschine, Oberarme innendotiert und 90° abgespreizt	„Der obere Rücken wird am intensivsten durch Varianten der Übung Reserve-Flys trainiert. Gleichzeitig werden der Kapuzenmuskel, die darunterliegenden Rautenmuskeln und der hintere Teil des Deltamuskels sehr intensiv aktiviert" (Buskies & Boeckh-Behrens, 2009, S. 101-102).
Rudern einarmig vorgebeugt mit Kammgriff mit Kurzhantel	„Diese Übung ist die effektivste Rudervariante. Der auf der Bank aufgesetzte Unterschenkel sowie der Unterarm und das nach außen gesetzte Stützbein bilden ein Dreieck und stabilisieren den Körper optimal. Die Kurzhantel wird im Kammgriff gefasst und der Ellenbogen eng am Körper maximal nach oben gezogen" (Buskies & Boeckh-Behrens, 2009, S. 117).
Bankdrücke im sitzen an der Brustpresse	„Die Vorteile der Druckübungen liegen im der Komplexwirkung für den Großen Brustmuskel, den Trizeps und den vorderen Anteil des Deltamuskels sowie den , im Vergleich zu den Fliegenden Bewegungen großen Gewichten, die bewältigt werden können" (Buskies & Boeckh-Behrens, 2009, S. 124).
Beidarmiger Scott-Curls mit SZ-Hantel	Laut Buskies und Boeck-Behrens sind die sind die Konzentrations-Curls im Sitz gegen den Beinwiderstand und die Scott-Curl-Varianten, die effektivsten Übungen um den Bizeps zu trainieren. Besonders durch die gute Stabilisierung der Oberarme sind die

	Scott-Curls sehr effektiv (Buskies & Boeckh-Behrens, 2009, S. 137).
Beineheben im Hang gebeugt	„Beineheben im Hang, Stütz oder Unterarmstütz haben sich in eigenen Messungen als die intensivsten Übungen für gerade und die schräge Bauchmuskulatur erwiesen" (Buskies & Boeckh-Behrens, 2009, S. 90)
Trizepsdrücken im Stand am Kabelzug mit Seil	Diese Übung gilt laut Buskie & Boeck-Behrens als die effektivste Übung, da alle drei Trizepsanteile in einer optimalen Komplexübung abgearbeitet werden (Buskie & Boeckh-Behrens, 2009, S. 139).

5 Literaturrecherche – Effekte des Krafttrainings bei Osteoporose

Die Weltgesundheitsorganisation definiert die Osteoporose als eine Krankheit, die durch Verlust an Knochenmasse und Zerstörung der Mikroarchitektur der Knochen mit den Folgen eines ansteigenden Frakturrisikos charakterisiert ist (H. W. Minne, M. Pfeifer B. Begerow & W. Pollähne, 2002). Eine zu geringe Knochenaufbauleistung bei gleichzeitig zu starkem Abbau, beziehungsweise zu hoher Entmineralisierung der Knochen, kennzeichnen die Osteoporose (Kalder & Hadji, 2002, S. 139).

Tab. 8: Darstellung der Effekte des Krafttrainings bei Osteoporose (eigene Darstellung, 2017)

Titel der Studie	Verbesserung der Funktionskapazität, der Schmerzhaftigkeit und der Leistungsfähigkeit bei Patienten mit Osteoporose durch ein spezielles Sportrehabilitationstraining
Autor	H. Franck, W. Hohmann
Jahr der Publikation	2001
Stichprobe	442 Patienten, davon 374 Frauen im Durchschnittsalter von 53,7 ± 6,3 Jahre und 68 Männer im Durchschnittsalter von 52,8 ± 6,2 mit einer Osteoporose Erkrankung nach der WHO Definition
Untersuchungsdesign	Ermittlung der persönlichen Einschätzung der Leistungsfähigkeit, der ADL und Rückenschmerzen. Durchführung des WHO-Stufentests, zur Testung der Funktionskapazi-

	tät. Erfassung aller wichtigen Kenndaten vor und nach dem vierwöchigen Sportrehabilitationstrainings. Die Bewegungstherapie enthielt: • Reaktions-, Gleichgewichts- und Koordinationstraining (2x pro Woche) • Stretching/kräftigende Gymnastik (2x pro Woche) • Medizinisches Krafttraining (9x 60min) • Rückengerechtes Schwimmen, Geh/Lauftraining (Intervalltraining), Wassergymnastik und Ergometrietraining (2x pro Woche je 30 min)
Ergebnisse der Studie	Erhöhung der persönlichen Einschätzung der Wichtigkeit von Sport zur Erhaltung der Gesundheit. Allgemeines körperliches Belastungsempfinden verbesserte sich. Rückgang der körperlichen Beschwerden. Gesteigerte Leistung in der Ausführung von alltäglichen Tätigkeiten, wie sich bücken, schwere Gegenstände heben etc. Verbesserung des körperlichen und seelischen Befindens, sowie Selbsteinschätzung der körperlichen Leistungsfähigkeit.

Tab. 9:Darstellung der Effekte des Krafttrainings bei Osteoporose

Titel der Studie	Körperliche Belastung bei Osteoporose
Autor	W. Kemmler, H. Riedel
Jahr der Publikation	1998
Stichprobe	108 Frauen im Alter von 56 Jahren ± 9 Jahren mit unterschiedlichem Knochenstatus und ohne den Knochenmetabolismus betreffende Medikamentation. Ausschlusskriterien: • Ruhehypertonie • Akute entzündliche Erkrankungen • Bandscheibenproblematik • Frische Frakturen • Osteoanabole oder antiresorptive medikamentöse Osteoporosetherapie
Untersuchungsdesign	10 monatige Trainingsmaßnahme mit 80 Teilnehmerinnen und 25 Teilnehmerinnen als Kontrolleure. Eingangs- und Kontrollmessung nach 12 Monaten. Im Zeitraum der Studie kam es nicht zu Veränderungen im Arbeits-, Ernährungs- und Freizeitverhaltens, sowie der medikamentösen Behandlung. Aufteilung in zwei Gruppen. Gruppe 1. : Häufig trainierende Gruppe (>2x – max. 4x/Woche). Gruppe 2. : Weniger häufig trainierende Gruppe (mind. 1x – max 2x/Woche). Beiden Gruppen wurde ein gemeinsames Training von 90 min2x/Woche angeboten (spielerisches Ausdauertraining nach dem Darmstädter Modell, schnelles Gehen, Laufen, Springen. 20-25 min Dauer und einer Belastungsintensität von 70-80%

Hfmax).Zusätzlich stand ihnen offen ein Heim-
programm von jeweils 35 min 2x/Woche
durchzuführen.
Zusätzlich erfolgte eine Geleichgewichts-, Ori-
entierungs- und Reaktionsfähigkeitsschulung.
Des weiteren wurde ein Geräte-unabhängiges,
statisches und Training mit je 12-15 verschiedenen Übungen im Stehe, Sitzen, und Liegen
mit maximaler Belastungsintensität über 6-8
sec durchgeführt. Von jeder Übung sollten
mind. 3-4 Sätze in verschiedenen Gelenkwin-
keln durchgeführt werden. Bei dem dynami-
schen Krafttraining wurde eine kraftausdauer-
orientierte Methode mit Thera-Bändern nach
Boeckh-Behrens/Buskies verwendet . Bei die-
sem Training führt man 2-3 Sätze mit 20-25
Wdh. und einer 60 sekündigen Pause durch.
Der Fokus lag hierbei auf Arm-, Schultergürtel-
, Beinmuskulatur, sowie der Muskulatur des
oberen Rückens.
Passend zum Krafttraining wurde ebenfalls ein
Beweglichkeitstraining nach dem Dauerdeh-
nungsprinzip in die Trainingseinheit integriert.
Abschließend fand eine 10 minütige Entspan-
nungsphase mit einfachen Wärme-, Schwere-
und Atemübungen des autogenen Trainings
statt.

Ergebnisse der Studie

- Positive Beeinflussung der Risikofaktoren (ossär und extraossär)
- Höhere Lebensqualität
- 1. Gruppe zeigte signifikante Verbesserung enossärer Parameter in der
  LWS Region
- 2. Gruppe zeigte deutlich weniger Positive Ergebnisse auf
- Die Teilnehmer der Kontrollgruppe ver-
  loren deutlich an Substanz
- Verbesserte Wirbelkörperbreite und
  Knochendichte der WK 2-4 bei der 1.
  Gruppe
- Kraft, Ausdauer und Beweglichkeit
  verbesserten sich bei beiden Gruppen
  in zufriedenstellendem Maße (Abhän-
  gig von Trainingshäufigkeit)
- Indexwerte für Befindlichkeit und
  Schmerzhäufigkeit haben sich verbes-
  sert (Schmerzreduktion)

6   Literaturverzeichnis

Buskies, W., Boeckh-Behrens, W.-U. (2009) *Fitness-Gesundheits-Training.*
Die besten Übungen und Programme für das ganze Leben. Reinecke bei Hamburg: Rowohlt.

Barteck, O. & Elsner, I. (1998). Fitness-Manual. Köln: Könemann.

Eifler, C. (2013). Empirische Überprüfung der Effekte verschiedener Ansätze zur
Intensitätssteuerung im Fitnessorientierten Krafttraining. *Dissertation zur
Erlangung des Grades eines Doktors der Philosophie.* Saarbrücken.

Eifler, C. (2013). Empirische Überprüfung der Effekte verschiedener Ansätze
zur Intensitätssteuerung im Fitnessorientierten Krafttraining. *Dissertation zur
Erlangung des Grades eines Doktors der Philosophie.* Saarbrücken.

Franck, H. & Hohmann, W. (2001). Verbesserung der Funktionskapazität, der
Schmerzhaftigkeit und der Leistungsfähigkeit bei Patienten mit
Osteoporose durch ein spezielles Sportrehabilitationstraining. Deutsche
Zeitschrift für Sportmedizin Jahrgang 52, Nr. 2, S. 63-67. Zugriff am
28.06.2017. Verfügbar unter: http://www.zeitschrift- sportmedizin.de/fileadmin/content/archiv2001/heft02/a03_0202.pdf

Fröhlich, M., Müller, T., Schmidtbleicher, D. & Emrich, E. (2009). Outcome-Effekte
verschiedener Periodisierungsmodelle im Krafttraining. *Deutsche Zeitschrift für
Sportmedizin, 60* (10), 307-314.

Heiduk, R & Preuß, P. (2011). Zirkel- versus Stationstraining. *workout&science:
Trainer* 1/2011.

Hottenrott, K. & Hoos, O. (2013). *Sport.* Sportmotorische Fähigkeiten und sportliche Leistungen – Trainingswissenschaft. Zugriff am 29.06.2017. Verfügbar unter: https://link.springer.com/chapter/10.1007/978-3-642-37546-0_12

Kalder M. & Hadji P. (2002) *Praktische Orthodädie. Osteoporose.* Springer-Verlag Berlin Heidelberg.

Kemmler, W. & Riedel, H. (1998). Körperliche Belastung und Osteoporose. Einfluss einer 10 monatigen Interventionsmaßnahme auf ossäre und extraossäre Risikofaktoren einer Osteoporose. *Deutsche Zeitschrift für Sportmedizin, Jahrgang 49, Nr. 9, S. 270-277.*

Mac Dougall, J. D., Gibala, M. J., Tarnopolsky, M. A., Mac Donald, J. R., In- terisano, S. A. & Yarasheki, K. E. (1995). The time course for elevated muscle protein synthesis following heavy resistance exercise. *Canadian Journal of Applied Physiology, 20 (4), 480-486.*

Mießner, W. (2013) *Das Muskel-Trainingsbuch. Die Trainingslehre zum Muskel Guide* (4. Auflage). München BLV BuchverlagGmbH & Co. KG.

Strack, A. (1999). *Methodik des modernen Krafttrainings im Fitness- und Gesundheitssport.* Zeitschrift Trainer, 3, 11-14.

Strack, A. & Eifler, C. (2005). The individual lifting performance method (ILP) – a practical method for fitness- and recreational strength training. In J. Gießing, M. Fröhlich & P. Preuss (eds.), *Current Results of Strength Training Research* (pp. 153-163). Göttingen: Cuvillier.

Zimmer, M. (1999). *Entwicklung und Erprobung eines Mehrwiederholungs- tests zur Erfassung der Kraftleistung im Fitness-Training.* Diplomarbeit, Universität des Saarlandes. Saarbrücken.

7   Abbildungs- und Tabellenverzeichnis

7.1 Tabellenverzeichnis